CAPITAINE BINGER

ESCLAVAGE

ISLAMISME ET CHRISTIANISME

PARIS
SOCIÉTÉ D'ÉDITIONS SCIENTIFIQUES
4, rue Antoine Dubois
PLACE DE L'ÉCOLE DE MÉDECINE

ESCLAVAGE

ISLAMISME ET CHRISTIANISME

CAPITAINE BINGER

ESCLAVAGE

ISLAMISME ET CHRISTIANISME

PARIS
SOCIÉTÉ D'ÉDITIONS SCIENTIFIQUES
4, rue Antoine Dubois
PLACE DE L'ÉCOLE DE MÉDECINE

1891

ESCLAVAGE

ISLAMISME & CHRISTIANISME

A aucune autre époque l'Europe ne s'est autant occupée de l'esclavage, des progrès de l'islam et du christianisme en Afrique. Toutes les nations civilisées cherchent les moyens de faire disparaître de ce monde la plaie de l'esclavage. Mais il semble que tous les efforts doivent rester stériles, tout paraît enserré dans les mailles d'un réseau qui ne veut pas céder. Ce sont de vains efforts, un piétinement sur place. On parle beaucoup; il y a des publications anti-esclavagistes partout, mais il n'y a pas d'élan.

Voulez-vous que je vous en donne la cause, c'est que ces questions graves sont effroyablement compliquées et qu'elles sont surtout mal présentées au public.

Dans les conférences et les publications, on s'empare indéfiniment des récits publiés sur l'intérieur de l'Afrique; un jour on les développe, l'autre jour on les résume en revenant sur les sentiments qu'ils inspirent. Cela ne suffit pas. On ne se laisse plus facilement entraîner aux conquêtes périlleuses par la foi ou la préoccupation des intérêts de l'humanité : parce que l'on raisonne.

Aujourd'hui, à peu près tout le monde admet que la possession d'un homme par un autre est immorale; mais là, on s'arrête et on se demande comment l'esclavage arrivera à être supprimé. Doit-on le faire brusquement, ou faut-il compter sur l'intérêt des peuples chez lesquels l'esclavage est une coutume? Faut-il la Force, l'Église ou bien le lent mouvement du Progrès? Faut-il chercher à enrayer l'islam, le protéger, l'utiliser, ou y rester indifférent?

Faut-il céder aux entraînements qui pourraient nous jeter dans des aventures funestes, peut-être nuisibles à la cause que nous voulons servir, ou attendre le moment et l'occasion d'agir?

Nous n'avons pas la prétention de résoudre absolument ces graves questions, mais nous croyons de notre devoir de dire ce que nous savons sur l'esclavage et de venir loyalement apporter notre contingent d'observations et notre témoignage bien sincère.

Pour ne rien confondre et bien préciser les parties de l'Afrique auxquelles se rapportent nos observations, nous ajouterons que la zone que nous connaissons et que nous avons visitée s'étend du 20e au 2e degré de longitude ouest et du 5e au 13e de latitude nord ; il s'agit donc d'une étendue à peu près égale à deux fois la superficie de la France, c'est-à-dire de plus de un million de kilomètres carrés.

Cette région comprend les bassins du Sénégal, du Niger, du Comoë et de la Volta, elle est habitée par plus de cent peuples différents, se rattachant à trois races principales : la race arabe, la race peule et la race noire, elles sont musulmanes et fétichistes.

Notre champ d'observation est donc suffisamment vaste pour que nous ayons matière à en entretenir le lecteur ; il nous permet de laisser aux explorateurs et aux missionnaires qui vivent sur d'autres points du continent noir, le soin de raconter à leur tour ce qu'ils ont vu, et ce qu'ils pensent.

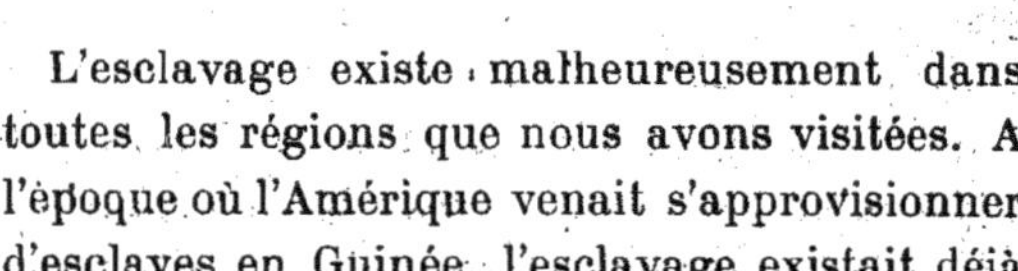

L'esclavage existe malheureusement dans toutes les régions que nous avons visitées. A l'époque où l'Amérique venait s'approvisionner d'esclaves en Guinée, l'esclavage existait déjà en Afrique, mais il prit alors des proportions effrayantes et l'homme devint une marchandise. Aujourd'hui que l'Amérique n'achète plus d'esclaves, on pourrait croire que l'esclavage s'est éteint. C'est une erreur. Il existe de nos jours à l'intérieur du continent, dans toutes les régions où les nègres n'ont pas été encore soumis aux rites de la religion musulmane.

La vente a lieu publiquement à l'intérieur, sur les marchés, mais pour dire la vérité, l'esclavage n'a pas continué à revêtir ce même caractère ignoble et sanguinaire ; il s'est peut-être adouci depuis que l'exportation par mer a été enrayée ; cela n'empêche pas que l'Européen, aussi endurci qu'il soit, ne frémisse d'horreur en assistant à ces scènes de sauvagerie et qu'il n'ait le cœur serré en songeant à l'impuissance dans laquelle il se trouve de ne pouvoir secourir cette race déshéritée.

Les esclaves une fois achetés et reçus dans l'intérieur d'une famille musulmane ou fétichiste, y sont traités avec douceur; ils se marient généralement avec d'autres captifs de leur maître. Ils vivent sous le même toit, sont nourris et se vêtissent de la même façon; ils deviennent même très souvent eux-mêmes propriétaires d'esclaves. La différence qu'il y a entre le maître et l'esclave, c'est que le premier se croise les bras et que le second travaille.

Mais ce n'est pas le travail forcé sous le fouet du maître, comme on le croit généralement chez nous ; le travail de l'esclave se résume aux gros ouvrages : il va chercher de l'eau et des charges de bois, pile les grains ; plus tard, il cultive les champs, s'occupe des animaux et vaque aux soins de la maison en général.

En résumé, cet esclave n'est pas plus malheureux que beaucoup de gens qui vivent autour de nous et que nous *ne voulons pas voir*.

Les enfants de ces esclaves, c'est-à-dire ceux nés dans la famille de leur maître ne peuvent plus *être aliénés*, ils sont de la famille. On ne saurait distinguer ces enfants de ceux du maître ; ils sont élevés et instruits sans que l'on fasse aucune différence quant à leur origine. Ces esclaves peuvent être et sont même très souvent libérés par leurs maîtres, comme nous le verrons plus loin.

Si la condition de cette catégorie d'esclaves est faite pour rassurer les philanthropes, il en est une autre qui, réellement, ne peut laisser personne indifférent.

Nous voulons parler de l'esclave quand il n'est que marchandise; de la situation du captif depuis son rapt jusqu'au moment où il a trouvé un maître sédentaire.

C'est à la situation lamentable de cette catégorie d'esclaves que nous voulons intéresser le lecteur.

L'esclave, une fois capturé, ne trouve pas de suite un acquéreur; voilà le malheur. Dans son pays d'origine, il n'a jamais la même valeur qu'au lointain, les négriers leur font donc faire quelquefois des mois entiers de voyage.

C'est cette route qu'on leur impose qui offre un caractère d'atrocité; surtout quand on songe que la plupart des sujets capturés sont des êtres faibles, des femmes et surtout des enfants en bas âge.

Ce voyage est affreux dans les conditions où il se fait. Les esclaves sont nus et soumis à toutes les intempéries ; ils marchent en général en file indienne, les uns derrière les autres, retenus par une même corde qui leur passe autour du cou. Les enfants sont, ou portés par leur mère, ou bien ils suivent péniblement à pied. Quelles souffrances ils endurent, personne ne le saura jamais. On leur fait franchir à pied des étapes de 30 à 40 kilomètres sous un soleil de feu, dans des pays que la guerre vient de dévaster. Une poignée de sorgho ou de maïs constitue leur nourriture, juste de quoi ne pas mourir. Pendant la nuit ces malheureux sont en général entravés avec la barre de fer ; ceux-là seuls qui n'ont plus la force de se traîner sont laissés libres ou enfermés pêle-mêle dans une case délabrée et sans feu.

En route, il n'est pas rare de voir des marchands abuser des femmes esclaves qui sont encore valides, quelquefois même ils vont jusqu'à les prêter à d'autres moyennant une légère rétribution.

Ce n'est pas le cas général, nous avons rencontré des marchands plus humains, mais l'exception est malheureusement bien rare.

Quand un esclave, trahi par ses forces, est obligé de rester en route, plutôt que de l'abandonner le maître le tue, afin de terrifier les autres, et de prouver à la caravane que la fatigue ou la mauvaise volonté ne peuvent aboutir qu'à la mort.

Et quelle mort, quelquefois un maladroit coup de fusil qui augmente l'agonie, puis le mourant, la nuit arrivée, est entamé à moitié vivant par les hyènes et les charognards !....

Pourquoi un tel état de choses existe-t-il? Comment d'aussi barbares coutumes ont-elles pu se perpétuer jusqu'à nos jours? Quelles sont les causes qui les font naître; enfin quels sont les moyens pratiques d'y remédier? Voilà ce que nous allons tâcher d'étudier.

Tout d'abord on se demande quels sont les grands générateurs de l'esclavage?

Nous n'hésitons pas à répondre que ce sont:

1° Le défaut de *budget* et le prestige que donne au nègre la possession d'un ou plusieurs esclaves;

2° La main d'œuvre;

3° Les femmes;

4° Le manque de moyens de transport;

5° La pénurie de sel.

Il n'existe pas un chef dans toute l'étendue des territoires que j'ai visités qui ait un budget. Il a bien quelques ressources: chaque village lui fournit périodiquement ou sur sa demande ce qu'il veut de denrées et de produits du pays. Mais la denrée et les produits du sol sont abondants dans ces régions, tout le monde cultive ce qu'il faut pour vivre; ce que le chef ou le souverain donnera à un fonctionnaire sera pour ce dernier du superflu! Que peut-il en faire? C'est absolument comme si, pour payer un service à un boulanger, on lui donnait un peu de pain.

Des fonctionnaires, mais il y en a partout; même dans les pays les plus reculés en civilisation, s'il n'en existe pas de permanents, il y en a par intermittence. Un souverain quel qu'il soit a toujours des services à rétribuer et il n'a ni croix, ni places payées à distribuer.

Il lui faut une armée, des chefs pour la commander, des armes à donner, de la poudre, des balles, des chevaux, du sel, comment peut-il se procurer tout cela?

Puis il lui faut avoir un certain faste dans

sa maison pour se distinguer de ses sujets et leur en imposer.

Les richesses naturelles de son pays lui sont inutiles; où les ferait-il vendre? il n'y a pas de voie de pénétration qui vienne jusqu'à son pays; il ignore même qu'il pourrait se créer des ressources avec le tabac, les textiles, le caoutchouc ou tout autre produit qui abonde chez lui. Mais ce qu'il sait, c'est qu'il fera plaisir à n'importe lequel de ses sujets en lui donnant des esclaves.

Pourquoi? parce que l'esclave ne coûtant pas d'entretien et pouvant cultiver, tisser, forger, procure une augmentation de bien-être à son maître, en même temps qu'il augmente sa force et son prestige.

Le nombre d'esclaves représente chez le noir la richesse accumulée de l'individu, fixe sa position sociale.

Le sujet et même l'esclave, s'il possède deux ou trois esclaves, pourra en imposer à son voisin qui n'en a pas. Peut-être à l'aide de ses trois ou quatre esclaves, arrivera-t-il plus tard à s'en procurer d'autres. Quelque attaque à main armée, contre des gens sans défense qui se livrent aux travaux paisibles de la culture dans un lieu éloigné, lui procurera ses victimes.

Une fois en possession d'une douzaine d'hommes, le noir rêve un cheval, des femmes, puis une armée et enfin le pouvoir !

Le chef, le souverain sait donc que, pour obtenir quelque chose de ses sujets, de ses guerriers, il n'a qu'à leur donner des esclaves, mieux que cela, il n'a qu'à leur procurer l'occasion d'en faire.

Une bonne razzia le mettra en possession de quelques centaines de créatures, la moitié sera pour lui, l'autre moitié sera pour ses sujets.

Un chef a-t-il sur les frontières de son pays quelque état moins puissant que le sien, il ne manquera pas de lui envoyer un ou deux émissaires pour demander qu'on reconnaisse son autorité, en faisant hommage de quelques douzaines d'esclaves. Si l'on ne s'exécute pas, on part en campagne sans déclaration de guerre, on surprend les villages et on s'empare des habitants inoffensifs. Des prétextes de guerres, on ne s'en inquiète pas !

Le sort réservé aux divers genres de prisonniers est bien différent ; en principe, ils ne sont jamais rendus puisqu'ils constituent en quelque sorte l'indemnité de guerre du plus faible. On a cependant vu racheter certains sujets en échange d'une rançon s'élevant à un nombre d'esclaves considérable, 20, 30 ou 50 autres esclaves pour un personnage de marque.

Quand l'expédition est malheureuse et que les prisonniers ne sont pas nombreux, il n'est pas rare de voir un chef échanger ses propres sujets contre des chevaux pour augmenter sa cavalerie et par conséquent sa force.

C'est ce qui s'est passé pendant les guerres de Samory contre Tiéba. Samory n'ayant fait que rarement des prisonniers et voyant ses chevaux dépérir fut forcé de faire vendre ses propres sujets pour s'en procurer d'autres.

Les vieillards et les adultes prisonniers constituent des captifs de peu de valeur, parce qu'il est difficile de faire travailler les premiers et que les autres exigent une grande surveillance, pour empêcher leur évasion.

C'est pourquoi on se défait immédiatement des hommes; ils sont en général échangés à vil prix sur les lieux mêmes, pour des denrées, du sel, des vivres pour hommes ou pour chevaux.

Dans les sièges, les guerriers malheureux qui ont tenu dans la place sont tous décapités; aucun ne trouve la vie sauve, c'est un massacre en règle; les assauts qu'ils ont repoussés ont coûté du monde à l'assiégeant, qui, maintenant, se venge lâchement.

C'est cette crainte de se voir massacré, quelquefois, avec des raffinements de cruauté qui fait que le siège d'un village fortifié dure souvent plus d'une année.

Ce que nous prenons parfois pour de l'héroïsme chez le noir, c'est la peur d'une mort redoutée. Le soudanais possède rarement les sentiments d'honneur qui guident les peuples civilisés. Le drapeau pour eux n'est pas l'emblème de la patrie; un noir tant qu'il ne sera pas civilisé ne se fera pas tuer pour lui.

Les enfants mâles sont répartis entre les chefs qui en feront d'abord des palefreniers, ensuite des guerriers.

Les jeunes filles les plus jolies sont pour le chef; les autres sont données comme femmes aux guerriers qui se sont distingués.

Enfin les femmes de tout âge avec les enfants des deux sexes en bas âge constituent la vraie marchandise, celle que l'on écoule le plus facilement. En dehors de sa valeur comme travailleuse, la femme a encore une valeur comme reproductrice. Elle entre toujours dans le lot destiné à acheter chevaux, armes, munitions, etc.

Comment se fait l'échange de ce lot de femmes et d'enfants?

En général voici comment se passent les choses. Dès qu'une guerre surgit, les marchands du pays producteur y amènent des chevaux qu'ils échangent à la colonne expéditionnaire, pour un nombre de captifs qui varie suivant l'abondance des montures à vendre et surtout à un prix variant avec le plus ou moins grand stock d'esclaves disponibles.

Pendant les guerres de Samory et de Tiéba, les chevaux se payaient de 10 à 24 captifs.

Dans le Mossi une belle monture ne vaut que 4 ou 5 esclaves.

La poudre et les armes sont des articles également bien rémunérateurs; les marchands en apportent à la colonne, reçoivent en paiement des esclaves qu'ils vont revendre au loin contre de l'or, des étoffes, du beurre de cé ; ils vont ensuite échanger ces denrées à la côte aux factoreries européennes contre des marchandises européennes.

Que deviennent les esclaves échangés contre l'or, les étoffes, le beurre de cé? les hommes font des travailleurs, des guerriers; les femmes deviennent quelquefois les épouses des gens qui les achètent ou bien les femmes des esclaves de leur maître. Tout cela augmente en un mot la fortune des maîtres, puisque a possession d'esclaves leur donne le prestige, la force et leur permet de ne rien faire en même temps qu'elle satisfait leurs passions. Ce triste état de choses vient de l'organisation sociale défectueuse d'une race déshéritée.

Nous avons dit aussi que la main d'œuvre agricole était une cause d'esclavage.

Sans agiter la question des travailleurs libres sur laquelle on est édifié aujourd'hui et que tout le monde condamne parce qu'elle permet de frauder et de pratiquer l'exportation de l'esclave, nous voulons cependant dire deux mots de la main d'œuvre agricole indigène.

Tous ceux qui ont été au Soudan savent combien est rudimentaire l'outillage aratoire et combien il est pénible de travailler avec des instruments aussi imperfectionnés ; aussi n'est-ce qu'avec une certaine répugnance que les gens jouissant d'une aisance relative se livrent à ces durs travaux. Il faut donc chercher à se faire cultiver ses champs; mais par qui? par l'esclave, car on ne doit pas songer à trouver des travailleurs à la journée; la rémunération qu'on aurait à payer pour leur travail ne peut consister qu'en denrées elles-mêmes, et personne ne veut travailler pour autrui quand il peut travailler pour lui-même.

On a donc recours à l'esclave, et comme l'esclave ne travaille que lorsqu'il se sent surveillé, puisque son maître ne peut être constamment auprès de lui, il ne fait pas grand'chose. Il faut donc employer un nombre d'esclaves double, triple, de ce qu'il faudrait d'hommes libres. Le maître qui veut vivre dans l'aisance, avoir sa nourriture assurée pour sa famille, ses animaux, etc. est donc forcé d'augmenter considérablement le nombre de ses esclaves puisqu'ils ne font chacun que peu de besogne.

On comprend donc facilement pourquoi l'esclave est si recherché surtout dans les pays agricoles.

Chez les noirs comme chez les blancs, l'homme est un être naturellement ennemi du travail, partout et toujours.

L'Angleterre, aujourd'hui si riche et si puissante par l'industrie et le négoce, a dû déployer des efforts considérables dans le XVIe siècle pour implanter chez elle l'amour du travail et l'activité commerciale.

Chez nous, même, et sans remonter le cours des siècles, n'avons-nous pas des régions entières et des départements qui emploient presque exclusivement des étrangers ?

Le nègre n'est pas aussi complètement converti que nous-mêmes au culte du travail, car celui-ci est encore bien nouveau chez nous-mêmes.

Pourquoi le noir est-il polygame ?

On croit généralement que c'est parce que la religion musulmane permet la polygamie.

Il est peut-être vrai que cette tolérance du Koran engage beaucoup les musulmans à avoir plusieurs femmes; mais il y a d'autres peuples qui ne sont pas musulmans et chez lesquels la polygamie existe également.

La cause n'en est donc pas exclusivement au Koran. Je crois que si en France pareille tolérance religieuse existait, il n'y aurait pas beaucoup d'adhérents; en tout cas, ils ne tarderaient certainement pas à en sentir les inconvénients.

La polygamie a donc une autre cause que l'islamisme — les noirs n'ont pas été sans en reconnaître souvent les inconvénients; bien souvent des guerres et des dissensions se sont élevées à cause de successions au pouvoir, au trône, qui ne manquent jamais d'élever des compétitions entre les fils de femmes différentes d'un même chef — mais ils ne s'en corrigent pas pour cela.

Les causes principales pour lesquelles les noirs pratiquent la polygamie sont multiples; nous allons les énumérer.

Chez le soudanais, les soins du ménage qui incombent à la femme sont si nombreux, qu'il est pour ainsi dire impossible à une seule femme de suffire à cette besogne.

L'eau se trouve quelquefois à une assez grande distance dans certains villages; une femme est spécialement chargée de cet approvisionnement.

La manutention des céréales et la préparation des aliments prend un temps infini, on délivre aux femmes le grain en épi, il faut le battre, le vanner, puis le piler dans un mortier en bois afin de le réduire en farine. Enfin, il faut cuire la nourriture pour le maître, les esclaves, etc. Cette préparation est tellement laborieuse que, dans certains pays, les femmes, pour ne pas être en retard, doivent commencer à piler le matin avant le jour.

Tous les aliments se servent dans de la vaisselle en bois et dans des calebasses; il faut après chaque repas la porter à la rivière ou au puits et procéder à un récurage, qui est très long, si on veut avoir toujours de la vaisselle propre.

Enfin, il faut fabriquer la graisse, le savon, les condiments et ce ne sont pas de petites opérations.

Avec cela, ce sont les femmes qui font certaines cueillettes ; le coton, par exemple, il faut en extraire la graine, le carder, le filer.

Et puis, il y a aussi le linge à laver, les enfants à soigner et souvent à aller vendre sur le marché.

Je laisse à penser si une seule femme peut suffire à fabriquer tout ce qu'elle emploie ; ceux qui ont vécu chez les noirs de leur vie intime, peuvent seuls en témoigner. Moi j'affirme que non.

Il y a encore une autre raison qui porte le noir à la polygamie.

Partout, chez les peuples musulmans ou fétichistes, il existe la coutume suivante :

Dès qu'une femme est enceinte, son mari n'a plus aucun rapport avec elle, il en est de même pendant tout le temps que l'enfant n'est pas sévré. Comme dans ces pays, on ne les sèvre que vers l'âge de trois ans, on peut estimer à quatre ans, avec la gestation, le temps où le mari n'a pas de rapports avec sa femme. Dans ces conditions, le noir prend une autre femme quand il en a les moyens.

Comme une femme ne peut avoir un enfant que tous les quatre ou cinq ans, elle en a rarement plus de cinq, mais il en meurt à peu près la moitié faute de précautions hygiéniques et pour d'autres raisons trop longues à développer ici, de sorte que si un homme désire avoir une nombreuse famille, il lui faut prendre un grand nombre de femmes.

Il ne faut pas croire que tous les maris possèdent plusieurs femmes. Non, on en rencontre même beaucoup qui n'en ont qu'une, surtout dans les classes peu aisées.

Les favorisés sont ceux qui, à la tête d'une aisance relative, ont eu les moyens d'acheter une seconde ou une troisième femme ou de payer une nouvelle dot à une nouvelle famille.

Si nous avons reconnu qu'une seule femme ne suffit pas en l'état actuel des choses pour un ménage et que nous ne nous élevons pas trop contre ceux qui, dans ces régions, en ont deux ou trois, nous ne pouvons que blâmer ceux qui en ont sept ou huit, une douzaine ou une centaine, comme c'est le cas pour Samory.

Dans ces conditions, la femme constitue un luxe que le Koran a tort de tolérer.

Chez les souverains importants, cette coutume ne donne pas lieu à la traite, leurs sujets tiennent à honneur de leur faire hommage de compagnes, une famille se trouvant toujours honorée d'être liée par un de ses membres au souverain. Mais malheureusement un tel exemple est toujours funeste, et du petit au grand, le luxe se manifeste par le nombre de femmes, ce qui, dans bien des circonstances, est un stimulant actif pour la traite.

Dans des contrées où le véhicule est inconnu, où l'animal de bât est rare, il est facile de concevoir que ce manque de moyens de transport est une cause qui fait rechercher l'esclave pour remplacer la bête de somme.

On a souvent prétendu que l'esclavage est une nécessité pour le commerce de l'ivoire, ce n'est pas tout à fait exact. Il y a bien des régions en Afrique où l'ivoire est un des seuls produits qui donnent lieu à une exportation. Mais il ne faut pas exagérer l'importance du commerce d'ivoire. Il n'y en a pas tant que l'on veut bien le dire, les éléphants se font rares. On comprend que, l'Afrique étant restée fermée très longtemps, il y ait des stocks d'ivoire mort assez considérables, mais ils commencent à s'épuiser.

Dans une époque relativement peu éloignée, l'ivoire sera malheureusement facile à transporter, il n'y en aura plus que fort peu ou point.

Les esclaves, qui aujourd'hui sont employés à ce travail, ne constituent pas la dix-millième partie de ceux qui transportent le sel, le kola, le beurre de cé, les tissus, la ferronnerie, etc.

Le manque de sel dans l'intérieur de la boucle du Niger a engendré aussi, dans une certaine mesure, l'esclavage. On sait qu'à part les sels marins fabriqués par les populations du littoral du golfe de Guinée et une petite quantité fabriquée sur la Volta, le Soudan tire son sel de la Sebkha d'Idjil et de Taodéni.

Ces mines de sel gemme sont situées en plein désert et exploitées par des maures appartenant à diverses tribus.

Le soudanais n'a à sa disposition pour acheter le sel que des produits du sol, quelques étoffes et de l'or, mais comme les denrées sont difficiles à transporter et que la valeur d'une barre de sel correspond à environ deux cents kilos de mil dans le Ségou, il est difficile de faire accepter un tel poids aux maures, de sorte que ces derniers sont amenés à exiger l'esclave.

Avec ce dernier, ils ont le bénéfice du transport gratuit et en même temps la ressource de l'écouler avec bénéfice vers le Maroc, le Touat, le Tafilelt, et le sud de la Tripolitaine.

Du jour où l'Europe pourra faire parvenir le sel à un prix raisonnable au cœur de la boucle du Niger, on aura non-seulement rendu un réel service à ces populations, en faisant diminuer considérablement le prix du sel des maures; mais encore on diminuera la traite. Car on enlèvera ainsi aux populations arabes, qui ont actuellement le monopole de ce commerce, leur meilleure monnaie avec laquelle elles se procuraient l'esclave.

Je ne sais plus qui a dit : « L'humanité ne « débute jamais par ce qui est simple, elle « traverse toujours la religion pour arriver « à la philosophie. »

Cette vérité est si bien comprise par tous les peuples civilisés, que tous se mettent à l'œuvre pour enseigner aux noirs une religion, afin de les civiliser d'abord et les exploiter ensuite.

Mais si la plupart des religions européennes entretiennent des missionnaires en Afrique et travaillent avec ardeur à l'évangélisation des peuples noirs avec un succès égal, il faut convenir que la propagande la plus active et la plus habile se fait par les musulmans.

L'adoption de l'une ou de l'autre religion par les peuples fétichistes de l'Afrique aura pour effet de faire disparaître l'esclavage.

Affirmer que du jour où l'Afrique entière sera musulmane, l'esclavage sera supprimé, ressemble à un paradoxe assez téméraire, cependant le fait est vrai et nous avons de puissantes raisons pour nous exprimer ainsi.

Le musulman au Soudan ne fait pas esclave un autre croyant. En cela il respecte le § 5 du chap. XLVII du Koran.

« Ensuite vous mettrez les prisonniers en « liberté, ou les rendrez moyennant une ran« çon, lorsque la guerre aura cessé... » Jamais un musulman n'est soumis aux lois de l'esclavage. On peut donc dire que, du jour où toutes les peuplades de l'Afrique seront musulmanes, elles ne pourront plus se procurer d'esclaves, puisque le Koran défend aux musulmans de se faire captifs entre eux.

Le Koran s'élève même contre les guerres entre musulmans.

Voyez, chap. XLIX, § 9. — Lorsque deux nations de croyants se font la guerre, cherchez à les réconcilier. Si l'une d'elles a agi avec iniquité envers l'autre, combattez celle qui a agi injustement, jusqu'à ce qu'elle revienne aux préceptes de Dieu. Si elle reconnaît ses torts, réconciliez-la avec l'autre selon la justice. Soyez impartiaux, car Dieu aime ceux qui agissent avec impartialité.

§ 10. Car les croyants sont tous frères, arrangez donc les différends de vos frères et craignez Dieu, afin qu'il ait pitié de vous.—

Partout où nous sommes passés, nous avons pu constater que non seulement les guerres entre musulmans sont rares, mais encore il nous a été donné de nous assurer que jamais un croyant ne réduit à l'esclavage un autre croyant.

Du jour où il n'y aurait plus que des croyants,

ils ne pourraient plus se réduire à l'esclavage les uns et les autres et forcément l'esclavage s'éteindrait faute de fétichistes.

Reste à examiner si les conquêtes faites par l'islam sont aussi profitables que celles faites par le christianisme.

Dans les discussions qu'engendre cette grave question, il est à remarquer qu'on parle, ou bien avec la plus grande animosité contre l'islam, ou bien alors en partisan absolu de l'islam. On croirait que dès que l'on aborde cette question, on est aveuglé.

Pour écrire sans animosité sur une aussi importante question, il faut avant tout faire preuve d'une saine critique, d'une parfaite indépendance d'esprit et surtout d'une impartialité à toute épreuve.

Ce n'est en effet pas loyal, quand on porte un jugement sur un autre peuple, sur une autre religion, de ne faire voir que ce qu'il y a à blâmer chez eux et de ne mettre en avant que ce qui peut servir à notre éloge.

Nous autres chrétiens nous avons un peu le tort de traiter les autres religions d'autant plus durement qu'elles sont plus rebelles à accepter la nôtre. C'est pourquoi nous sommes généralement très sévères pour les musulmans.

L'islamisme est une religion rebelle, la nôtre ne peut l'entamer; les propagateurs de la foi musulmane sont de terribles concurrents pour nos pauvres missionnaires; de là, une hostilité de notre part qui est facile à excuser.

Cependant en réfléchissant on ne peut trop en vouloir aux musulmans; comme nous, ils croient posséder la vérité éternelle. C'est un peu l'apanage de toutes les religions.

J'ajouterai même que dans beaucoup de cas ils font preuve d'un esprit de tolérance tout à leur louange.

A Kong, par exemple, qui est une ville de 15.000 habitants et où le premier nous avons pénétré, nous avons trouvé des musulmans très tolérants: J'y suis entré comme chrétien et comme français sans déguisement aucun et souvent j'ai causé théologie avec l'imam, le chef religieux de la ville et les lettrés.

Ils savent tous qu'il y a trois grandes religions qu'ils désignent sous le nom de *chemin :*

Le chemin de Moïse est la religion juive.

Le chemin de Jésus la religion des chrétiens et le chemin de Mahomet la religion des musulmans.

Ils étudient à côté du Koran, le Pentateuque et les Evangiles qu'ils possèdent en manuscrits arabes. Aucun d'eux n'a jamais essayé de me prouver que leur religion valait mieux que la nôtre

« Ces trois chemins doivent être suivis « par des gens qui ont une valeur égale, « me disaient-ils, car si dans un d'eux il se « trouvait des hommes qui pourraient prou- « ver la supériorité de leur religion, ils ne « manqueraient pas de la faire adopter par « les autres.

« Pour nous, ajoutaient-ils, on nous a en-
« seigné que le Koran était le meilleur livre,
« mais nous pensons cependant que les trois
« chemins se valent, ils mènent vers un même
« Dieu, qui est Dieu l'unique, ce sont les
« chemins qui sont plus ou moins bons, plus
« ou moins droits, voilà tout. »

Je ne fais suivre ces paroles d'aucun commentaire, toute discussion serait déplacée ici. Je ne les ai citées que pour montrer que les musulmans que j'ai visités sont bien moins fanatiques que ceux qui vivent sur d'autres points du continent noir et qu'on nous présente toujours le Koran d'une main, le sabre de l'autre.

Il y a évidemment exagération.

Dans l'islamisme existent des nuances; il n'est pas partout le même, et je suis persuadé que le musulman de Kong, de la boucle du Niger et du Haoussa, n'est pas le même que celui du Touat, de la Tripolitaine ou du Soudan égyptien.

J'ai du reste constaté que le fanatisme musulman paraît diminuer au fur et à mesure que l'intensité de la teinte de l'Africain augmente.

Je vois difficilement un noir pur aussi fanatique qu'on représente certains Arabes.

Les races noires métissées d'Arabe ou de Peul ont seules une tendance vers le fanatisme.

Ce que je puis affirmer, c'est que nulle part, dans les régions que j'ai visitées, je n'ai rencontré des noirs réellement fanatiques ni hostiles aux chrétiens. La civilisation européenne, c'est-à-dire chrétienne, ne rencontrerait pas chez eux plus de résistance que n'en offre un cerceau en papier à un clown.

Si, à Kong, j'avais voulu donner des leçons de français et organiser une école, mes élèves les plus nombreux auraient certainement appartenu à la classe aisée, dirigeante et adulte.

Combien d'heures n'ai-je pas passées à parler avec ces gens de nos institutions! Tout paraissait les intéresser, la poste, le paiement des mandats, les opérations de banque, l'industrie, la forme du gouvernement, le recrutement, la justice, etc.

Les questions marchaient leur train, quelquefois jusque vers une heure avancée de la nuit.

Le lendemain ces gens simples venaient me demander de leur faire boire un philtre destiné à leur donner l'intelligence.

J'avais beau me défendre et dire que mon écriture était loin de posséder une telle vertu, il me fallait leur inscrire quelque chose sur leur tablette en bois.

C'était invariablement la même phrase :

« Que Dieu te donne la lumière. »

Avec ce talisman, ajoutais-je, et une fréquentation régulière de l'école, quand il y en aura une française à Kong, vous saurez vite lire et écrire.

Nous irons tous, jeunes et vieux! s'écriaient-ils.

Quand on parle des musulmans, on met toujours en avant la polygamie et l'esclavage et on leur en impute l'innovation. De tout temps cet état de choses a existé et ce ne sont pas les musulmans qui l'ont inauguré; ne leur imputons pas cela, ils sont déjà assez blâmables, parce que leur morale, au lieu de leur défendre ces pratiques, les tolère.

Ne soyons pas trop sévères envers eux, hélas! si chez nous la polygamie n'existe pas, nous avons bien autre chose à nous reprocher. Nous croyons que, parce que nous sommes *officiellement* monogames, nous pouvons critiquer les autres. Nous ne sommes pas si parfaits sous ce rapport pour nous élever, avec tant d'éclat, contre une chose qui, chez eux, est dans une certaine mesure une nécessité.

Quant à l'esclavage, il est plus vieux que l'hégire, nous sommes loin de ne pas en blâmer la pratique, même sous la forme adoucie; car l'esclavage, malheureusement, ne se borne pas à la capture et à la vente de femmes et d'enfants, mais il entraîne le massacre d'une masse innombrable de gens isolés et sans défense, il fait en même temps le désert dans des régions où les bras sont déjà rares.

C'est un acte évidemment blâmable, mais cette institution n'est pas imputable aux musulmans seuls, ils ne l'ont pas organisée, elle existe chez tous les peuples noirs, qu'ils soient fétichistes ou musulmans.

Le moment de la suppression n'étant pas arrivé, parce que les causes qui l'ont fait naître n'ont pas disparu, faut-il blâmer les musulmans de leur tolérance ?

Regardons autour de nous et voyons si l'esclave, tel qu'il existe et est traité chez nous, n'est pas plus à plaindre que l'esclave noir.

Reste à savoir si le nègre, esclave chez lui, ne préférerait pas sa situation à celle qui est réservée aux malheureux qui luttent en Europe pour un morceau de pain.

Chez les musulmans, l'esclave sera toujours nourri, quel que soit son travail, il ne mourra pas de faim; en Europe, on ne s'inquiète guère du pain que mangera le malheureux quand il sera congédié, il peut bien mourir de faim le lendemain, on ne s'en soucie guère.

Pratiquons-nous l'hospitalité comme les musulmans la pratiquent, sommes-nous réellement aussi désintéressés qu'eux, savons-nous comme eux prêter sans usure, même à des esclaves?

Sommes-nous bien sûrs que chez les musulmans l'esclavage ne soit pas considéré comme une étape vers la civilisation?

Voilà des questions sur lesquelles nous ne nous sommes jamais assez appesantis.

Avons-nous jamais médité le § 33 du chapitre XXIV du Koran :

« ..... Si quelqu'un de vos esclaves vous de-
« mande son affranchissement *par écrit*, don-
« nez-le lui, si vous l'en jugez digne. Donnez-lui
« quelque peu de ces biens que Dieu vous a ac-
« cordés..... »

Nous rendons-nous bien compte ce que ce paragraphe contient de sentiments élevés, surtout si on peut s'assurer de visu comme moi que cette prescription est ponctuellement suivie? Dans bien des cas, l'esclave lettré n'a même point besoin de demander sa liberté, son maître la lui donne le jour où il passe avec succès ses épreuves de lecture et d'écriture.

Les musulmans ne s'emparent jamais des fétichistes qui vivent en paix autour d'eux. A la condition de tolérer la présence et l'établissement de leurs missionnaires, ils donnent en échange l'hospitalité aux fétichistes.

Le § 6 du chap. IX est rigoureusement observé.

« Si quelque idolâtre te demande un asile, « accorde-le lui, afin qu'il puisse entendre la « parole de Dieu, puis fais-le reconduire à un « lieu sûr. Ceci t'est prescrit parce que ce sont « des gens qui ne savent rien. »

Tout cela n'empêche pas que le musulman nous est toujours présenté comme ne sachant que tuer, piller, opprimer et dépeupler là où il est le plus fort. Ce n'est pas exact, le musulman est, dans beaucoup de cas, injustement calomnié.

Pendant longtemps j'ai vécu chez les musulmans et je n'ai été ni plus trompé, ni plus volé, ni plus persécuté que nous le sommes par nos coreligionnaires. Il y a chez eux comme chez nous, des bons et des mauvais; mais il me faut confesser qu'en résumé nous sommes aussi pervers et aussi enclins au mal qu'eux. J'ai souvent vu chez eux des gens rester honnêtes, même quand ils étaient assurés de l'impunité; chez nous, il existe, heureusement, beaucoup de gens honnêtes aussi, mais combien y en a-t-il d'honnêtes seulement parce qu'ils craignent la répression, le gendarme et le tribunal!

Le musulman nous est présenté toujours comme ayant le plus profond mépris pour l'instruction, pour la science et en général pour tout ce qui constitue l'esprit européen.

L'islam est-il perfectible? Peut-il être gagné à nos idées de tolérance et de progrès? Voilà un des plus grands problèmes de l'histoire.

Une opinion erronée, trop bien accréditée,

dit que la civilisation chrétienne ne peut avoir aucune prise sur l'islam.

Le musulman, crie-t-on de toutes parts, est réfractaire à la civilisation, au progrès et aux idées modernes.

Nous croyons, nous, que dans les contrées soumises directement à l'influence des idées européennes, celles-ci affaiblissent considérablement le sentiment religieux, transforment et modernisent l'islam.

Ce mouvement, qui s'étend en Turquie, en Egypte et dans les pays musulmans d'Asie, mériterait d'être plus remarqué en Europe. Quand il l'est parfois, il est souvent injustement apprécié; nous avons le tort de condamner trop volontiers les musulmans à la stérilité intellectuelle et morale.

Ceux de nos lecteurs qui seraient désireux de s'initier d'avantage à l'évolution de l'islam pendant notre siècle, en Turquie et en Egypte, en particulier, feront bien de consulter la savante étude de notre ami Le Chatelier dans la *Revue Rose* 1887 et 1888 (1).

(1) Le Chatelier, *Les Musulmans au XIXe siècle.*

Non seulement ils pourront se rendre compte de l'état de l'instruction primaire et secondaire en Égypte, mais ils pourront encore se convaincre que les lecteurs du *El Moktataf* ne sont pas des gens si banals que nous le pensons.

Dans deux numéros pris au hasard, dit notre ami, l'un d'Août 1884, l'autre de Novembre 1885, on trouve des Notices : sur l'éducation dans les écoles, le choléra, l'homme préhistorique, les habitants des astres, les plantes égyptiennes, l'histoire de la société, Gœthe et le transformisme, les anciens Égyptiens, le cotonnier, la galvanoplastie, l'autographie, la zincographie, etc., etc.

Dans un même ordre d'idées, il ajoute que les presses de Boulaq ont vulgarisé chez les musulmans *Charles XII* de Voltaire, l'*Histoire de Pierre le Grand*, l'*Histoire de la Civilisation* de Guizot, *Monte Christo*, les *Trois Mousquetaires*, etc.

Si l'on songe à ce qu'était l'Égypte au commencement du siècle, on ne peut refuser à de tels progrès une sympathique admiration.

Plus près de nous, et dans des contrées qui nous intéressent davantage, en Algérie et surtout en Tunisie nous constatons heureusement une évolution progressive vers notre civilisation occidentale.

J'ai lu avec beaucoup de bonheur, cet été, une Étude de Paul Bourde sur les écoles franco-arabes de Tunisie. Je ne puis résister au désir d'en signaler à mes lecteurs les principaux passages.

Tout d'abord le collaborateur du *Temps* nous apprend que l'adhésion des indigènes à notre civilisation, le rapprochement des musulmans et des Européens ne sont pas du tout des utopies.

M. Bourde cite des villes dans le sud de la Régence, Nefta et Tozeur, où la classe dirigeante tunisienne a pris l'initiative de souscriptions pour faire les frais d'installation et obtenir plus vite l'ouverture de l'école française qui a été remplie dès le premier jour.

« De petits français, ajoute-t-il, de petits italiens, de petits maltais, de petits juifs en veste bleue, de petits maures sédentaires mis avec soin, de petits nomades les pieds nus et des anneaux d'argent aux oreilles, de petits nègres sont là pêle-mêle sur les bancs, rangés selon le mérite et non selon la race, etc. Tous ces vêtements bariolés se croisent dans les récréations ; une camaraderie libérale réunit les burnous et les paletots, les casquettes et les chechias, et les parties de billes s'organisent sans esprit de nationalité. »

Voilà qui est certainement encourageant pour l'avenir.

L'influence qu'exercent les progrès de notre civilisation sur les nations musulmanes est beaucoup plus considérable qu'elle ne le paraît.

Une des meilleures preuves, c'est que l'intensité avec laquelle elle a entamé l'islamisme a provoqué une énergique réaction qui s'est traduite chez les musulmans par le réveil de la foi et le désir de faire retour aux traditions anciennes.

C'est cette réforme projetée qui fit naître des sectateurs travaillant à la rénovation de la foi. C'est là l'origine des confréries religieuses et en particulier de l'ordre des Senoussiya.

Henri Duveyrier dit, de la confrérie des Senoussiya :

« La pensée fondamentale de cette association est une triple protestation :

« 1° Contre les concessions faites à la civilisation chrétienne;

« 2° Contre les innovations, conséquences du progrès, introduites dans les divers États de l'Orient;

« 3° Contre de nouvelles tentatives d'extension d'influence dans les pays encore préservés *par la grâce divine.* »

S'il a été facile aux Senoussiya d'organiser leur confrérie, il leur a été beaucoup plus difficile de mener leur programme à bonne fin. Leur influence a reçu un formidable contrecoup par l'avènement en Haute-Égypte d'un madhi étranger à la confrérie et appartenant à l'ordre de Sidi-Abd-el-Kader-el-Djilâni.

Comme on le voit l'unité n'existe pas tant que les alarmistes nous le criaient.

Aux Sociétés secrètes, aux confréries s'opposent de nouvelles sectes, de nouvelles Sociétés qui, loin de s'allier et de s'affilier, ne font que détruire l'action les unes des autres et jettent la perturbation dans les idées religieuses des vrais croyants. Ces chefs de sectes finissent toujours par se faire excommunier par les clergés officiels de la Mecque, ce qui ne manque pas de porter un coup funeste à leur secte.

Leur action échoue toujours misérablement, car leurs chefs ne pouvant se résigner à travailler uniquement au rétablissement *de la plus grande gloire de Dieu et l'exaltation de la vraie foi*, font surgir à côté d'eux de nouvelles sectes et de nouvelles confréries qui, pour notre plus grand bonheur à nous, permettent au progrès de pénétrer lentement et comme un coin dans la société musulmane et la transforment en islam moderne et tolérant.

Pour ce qui concerne le Soudan occidental, je puis affirmer que les peuples musulmans sont beaucoup plus avancés que les fétichistes en éducation, en organisation sociale, en savoir-vivre, en bien-être, en commerce, en industrie et en culture intellectuelle en général.

Oui, la propagande musulmane est une étape vers la civilisation, une des meilleures preuves c'est qu'elle a fait disparaître l'anthropophagie, la nourriture impure, c'est-à-dire de viandes crevées, qu'elle condamne et réprouve l'ivresse et qu'enfin elle a fait ouvrir des écoles partout.

A côté des peuplades musulmanes, la plupart de races fétichistes, sont encore plongées dans la misère ; elles manquent d'initiative, d'énergie, sont adonnées à l'ivresse, à la paresse. Le tout dégénère en brigandages.

On dit que si l'Afrique était musulmane aucun Européen n'y mettrait les pieds.

On oublie donc ce que les musulmans ont fait pour tant d'explorateurs ; Clapperton n'eut-il pas d'excellentes relations avec le cheikh Olhman ; Barth n'a-t-il pas constamment voyagé sous la protection des sultans du Bornou, du Haoussa, du cheikh El-Bekay ?

Moi-même, n'ai-je pas, grâce à la population musulmane de Kong, pu accomplir mon long voyage? Ce n'est-il donc pas leur sauf-conduit qui m'a ouvert la porte du Mossi ; ce n'est-il pas l'appui de ces gens-là qui m'a sauvé dans beaucoup de circonstances?

Ce sont les musulmans de Kong qui m'ont sauvé la vie à Sidardougou, qui m'ont protégé à Dioulasou. Dans le Dafina, ce sont encore des musulmans qui m'ont aidé.

Plus loin dans le Gourounsi, ne sont-ce pas les musulmans Dagomba qui m'ont protégé ; à Oual-Oualé, n'ai-je pas été soigné pendant 45 jours par les musulmans ?

Et puis plus tard à Salaga, n'ai-je pas eu d'excellentes relations avec les pèlerins de La Mecque et les haoussa musulmans ?

De là à dire comme je l'ai lu dans une publication que le musulman détruit tout, pille, saccage, gâte et salit tout ce qu'il touche, il y a bien loin.

Le musulman, aujourd'hui, rayonne un peu partout, il se livre à la propagande avec patience et ténacité, son travail est infatigable. S'il avait un programme, un but, un appui ou une direction, il constituerait l'agent le plus puissant et le plus prompt pour la suppression de l'esclavage. La question serait résolue immédiatement, car l'islam opérant de proche en proche et par les moyens dont il dispose finirait par réduire singulièrement le théâtre de la traite et en fin de compte par la supprimer totalement.

Voici comment se fait la propagande.

Chaque fois qu'un esclave mâle entre dans une famille musulmane, le maître, après lui avoir fait faire les ablutions, l'emmène à la mosquée aux heures consacrées à la prière. « Mais je ne sais pas faire la prière », ne manque pas de répondre l'esclave.— « Viens toujours, tu feras comme moi, » répond le maître. Arrivés à la mosquée ou au lieu qui en fait l'office, la plupart du temps, un fer à cheval tracé avec des pierres, dont la partie arrondie, le chœur, est tournée vers l'orient — on fait la prière. Chaque fois que le maître se prosterne ou se redresse, le mouvement est imité par l'esclave. Le *Allaho akhbar* est répété, la cérémonie terminée, l'esclave est de fait musulman. Au bout d'un séjour d'un mois ou deux, il ne circule plus sans son chapelet, et mêle dans sa conversation le nom d'Allah. A-t-il des enfants, ils seront sûrement instruits comme les enfants des maîtres, plus tard ses esclaves à lui seront convertis de la même manière qu'il a été converti lui-même.

Voilà pour les conversions isolées.

Examinons maintenant comment les musulmans convertissent les fétichistes chez eux, dans leur propre pays.

Est-ce par religion ou est-ce par nécessité ?

Nous n'hésitons pas à dire qu'ils agissent sous les deux mobiles. Nous en avons eu des preuves souvent, pendant notre voyage.

Prenons un exemple pour les états de Kong.

Il y a une centaine d'années, le domaine de la colonie musulmane de Kong ne s'étendait guère qu'à quelques kilomètres de la ville.

Environnés de tous côtés de peuplades fétichistes, qui ne vivaient que de rapines et de brigandages, les gens de Kong ne pouvaient se livrer aux transactions commerciales et écouler leurs cotonnades qu'avec de grosses pertes, provenant de droits exorbitants à payer aux roitelets fétichistes des environs, sous peine de pillage.

Qu'ont-ils fait? Ils ont établi de proche en proche des familles musulmanes de Kong dans tous les villages situés sur le parcours de Kong à Bobodioulasou d'abord, à Djenné ensuite. Ils ont mis 50 ans pour doter chaque village, d'une ou deux familles musulmanes.

Chacun de ces immigrants a organisé une école, demandé à quelques habitants d'y envoyer leurs enfants, puis, peu à peu, par leurs relations avec Kong d'une part, les autres centres commerciaux d'autre part, ils ont pu rendre quelques services au souverain fétichiste de la contrée, captiver sa confiance et insensiblement s'immiscer dans ses affaires. Y a-t-il un différend à régler, c'est toujours au musulman que l'on s'adresse. Serait-il tout seul dans le pays, que le roi le chargera des négociations parce que généralement il sait lire et écrire, et qu'il a la réputation d'être un homme de bien en même temps qu'un homme de Dieu.

Arrive-t-il que le musulman ambassadeur échoue dans sa mission, il ne manque pas de proposer au roi fétichiste d'employer l'intermédiaire des gens de Kong. Du coup, voilà le pays placé sous le protectorat des états musulmans de Kong.

Peu à peu l'islam fait des progrès, d'autres colonies viennent s'établir chez les fétichistes qui ne manquent pas de se convertir. Ces derniers reconnaissent bien vite que le seul moyen de trouver aide et protection partout où ils passeront est d'avoir la même religion qu'eux. Et puis, n'ont-ils point un puissant exemple sous les yeux, les musulmans? ne vivent-ils pas tous dans une aisance relative et entourés d'un bien-être supérieur au leur?

Le fétichiste, tout en se rendant compte que c'est le commerce et l'industrie qui donne la prospérité aux musulmans, attribue beaucoup leur bien-être à l'intervention de l'Être Suprême, et le musulman se garde bien de l'en dissuader : « C'est Dieu qui le veut ainsi », lui dit le musulman.

Les gens de Kong n'ont pas essaimé ainsi sur une seule route ; le même fait s'est produit sur toutes celles qui mènent à un centre où leur commerce et l'écoulement de leurs produits les appellent.

Par tout ce que nous venons d'exposer pour la propagande musulmane de Kong, il ressort clairement qu'ils convertissent par la persuasion. La force n'est employée que rarement. Elle l'est seulement contre les peuplades fétichistes de brigands, de voleurs ; et quand les musulmans de Kong ne peuvent pas faire autrement.

Si les musulmans l'avaient voulu, il y a longtemps que l'esclavage serait tari à sa source, mais leur élan dans la propagande a été subitement arrêté par l'extension que la découverte de l'Amérique a donnée à la traite. Les négriers européens leur ont fourni l'occasion de faire des bénéfices et des captures, qui ont éveillé chez eux l'intérêt de ne pas convertir à outrance ; puisque cela leur permettait de conserver une mine d'esclaves inépuisable.

Ils sont donc arrivés à faire la guerre aux fétichistes sans chercher ensuite à leur imposer leur foi. Les intérêts ont primé la question religieuse.

A l'époque de la traite, les fétichistes embrassaient plus volontiers l'islamisme, puisque le seul fait de leur conversion les faisait échapper à l'esclavage.

Aujourd'hui ces causes n'existent plus, les nations européennes ont pris pied sur tout le littoral et se sont, sur beaucoup de points, établies bien profondément à l'intérieur. Beaucoup de peuplades fétichistes n'ont plus besoin, pour échapper à l'esclavage, de se convertir à l'islamisme: elles s'abritent sous nos pavillons en contractant des traités avec les nations européennes.

Les musulmans ont donc peu d'action sur ces peuplades, malheureusement nous n'en avons pas davantage. Les protectorats des nations civilisées sont encore trop platoniques; leur effet ne se fait pas encore assez sentir pour amener les fétichistes à adopter notre religion et notre civilisation, mais il est suffisant pour que les musulmans se désintéressent de la conversion sur ce terrain, de sorte que ces peuples restent sans religion. Ils n'ont le bénéfice d'aucune civilisation, ce qui les fait rester et végéter dans un état d'infériorité qui entraîne fatalement l'anarchie et ses fatales conséquences.

Cet état de choses perpétue l'esclavage et le rapt au lieu de l'adoucir et de le supprimer comme y tendent le christianisme et l'islamisme.

En même temps que l'apparition des Européens en Afrique, que l'affranchissement des esclaves par l'Europe et que la suppression de la traite par mer, il se produisait un revirement profond dans la société noire musulmane. Il s'est manifesté chez elle une tendance à l'esprit de nationalité qui progressait au détriment de la foi. Le but des peuples musulmans n'était plus seulement l'enseignement du Koran, la société musulmane n'avait plus pour objet unique la conversion des fétichistes, son action, ses efforts convergeaient vers un autre objectif, le nationalisme, vers la reconstitution de groupements homogènes, ayant les mêmes intérêts.

La propagande musulmane ne se fait donc aujourd'hui qu'autant que les musulmans y trouvent en même temps des satisfactions d'intérêt.

C'est ce qui explique pourquoi les musulmans n'islamisent plus avec autant de zèle et que l'esclavage existe encore un peu partout.

Nous ne pouvons qu'applaudir à ces tendances des peuples noirs au nationalisme, car il fait naître des besoins et surgir des intérêts que l'esclavage ne peut à lui seul assouvir.

Mais à côté de cela, nous ne pouvons que déplorer que la propagande musulmane ait été ainsi interrompue, avant qu'elle ait achevé l'œuvre de la suppression totale de l'esclavage — œuvre à laquelle elle travaillait avec un redoutable génie que nous feignons d'ignorer — et que son habile action n'ait pas été remplacée par des moyens aussi efficaces sous le drapeau du christianisme.

Quel rôle devons-nous jouer vis-à-vis des musulmans?

Nous pensons que là où les musulmans colonisent, se livrent au commerce et à l'industrie, il serait malheureux de ne pas utiliser leurs services. Les missionnaires sont tous de cet avis, ils ont été les premiers à protester contre le système adopté par les Anglais et les Allemands qui ont ruiné l'influence du sultan de Zanzibar.

Mais si nous ne croyons pas qu'au point de vue des intérêts européens en Afrique nous ayions un motif de nous associer à la propagande musulmane, nous pensons qu'il faut malheureusement compter avec elle.

Nous devons vivre en bons termes avec les musulmans ; il nous faut les traiter avec justice, respecter leurs croyances et leurs usages, éviter de les froisser par des mesures arbitraires ou inopportunes.

Pour cela il n'est point besoin de leur construire des mosquées, d'y entretenir des marabouts et de leur laisser une juridiction spéciale.

Nous ne devrions également subventionner les écoles arabes que là où les élèves apprennent aussi le français.

Enfin, au Sénégal par exemple, l'administration devrait prendre des mesures pour que les fonctionnaires indigènes, payés par le budget local, et même ceux qui relèvent des municipalités soient tenus d'envoyer leurs enfants à l'école française.

Dans bien des circonstances, c'est nous, Français, qui sommes les coupables ; il nous suffirait dans bien des cas de gagner à notre cause la classe dirigeante musulmane et d'en obtenir qu'elle envoie ses enfants dans nos institutions. L'exemple, venant d'en haut, porterait certainement des fruits, et à l'instar de la Tunisie (1), nos écoles seraient fréquentées par les musulmans.

Enfin, il existe encore d'autres moyens d'attirer les thaleb (étudiants arabes) dans nos institutions.

Pour ne pas froisser les instituteurs arabes et ne point troubler leur enseignement, on leur demande simplement d'amener leurs élèves à l'école française pendant trois heures par jour. En récompense on leur alloue 2 ou 3 francs par mois et par élève. Comme ces braves gens sont en général sans le sou, c'est une excellente aubaine pour eux, et ils nous amèneraient certainement leurs élèves.

Voilà pour les études primaires.

(1) La famille beylicale fait élever ses enfants au collège Sadiki, Ahmed ben Khodja, le cheikh el islam de Tunis, c'est-à-dire le plus haut dignitaire religieux de la Tunisie, en fait autant.

Quand il s'agira d'études plus élevées, notre cause se plaidera toute seule, la langue française sera toujours pour les étudiants arabes ou musulmans en général le principal instrument de leur activité intellectuelle. Pour les sciences, l'histoire, etc., il leur faudra toujours recourir au français, ce qui nous donnera une bonne prise sur leur esprit.

Rien ne les empêchera de cultiver l'arabe pour sa poésie et ses incomparables chefs-d'œuvre et de conserver cette langue comme langue de la foi, comme nous le latin, et les Juifs, l'hébreu.

Quant aux mesures à prendre contre les chefs de secte et les pèlerins dont le fanatisme religieux prend souvent un développement exagéré, il ne faut pas s'en effrayer. C'est bien souvent nous qui le faisons naître.

Quand un marabout de ce genre surgit dans un pays, on n'a qu'à le recevoir avec la même déférence qu'on recevrait le premier venu et bien se garder de lui donner une importance qu'il n'a pas. Au besoin on lui fait sentir son infériorité, ce qui, tout en n'étant pas difficile, ne manque jamais de donner un coup à son prestige.

S'il bronche, on sévit *énergiquement*.

Jusqu'à présent, les pélerinages à La Mecque ont eu, en général, pour résultat, des guerres qui nous ont souvent coûté fort cher.

Pourquoi ? parce que les pèlerins qui font route à travers le continent africain, se dirigent en général à travers le Bornou, le Wadaï, le Darfour et le Haut-Nil et prennent forcément le contact avec les populations fanatiques du Soudan égyptien.

Ce contact pernicieux ne peut que faire naître

la haine de l'Européen dans le cœur de ces gens-là. De Souakim ils vont par Djeddah à La Mecque et de là, toujours à Constantinople.

On comprend quelle impression laisse sur leur esprit la vue des splendeurs de Stamboul, ville musulmane, et terminus de leur voyage. Ils pensent, et on ne manque peut-être pas de leur inculquer, que la capitale de la Turquie est la ville la plus avancée, la plus splendide de l'univers et qu'à côté d'elle Londres et Paris ne sont que de misérables bourgades.

Ne vaudrait-il pas mieux leur éviter un voyage de 7 à 10 ans en détournant le courant de l'intérieur vers nos ports de la côte Occidentale où on les embarquerait pour Alger et Marseille, et ensuite sur des bateaux français pour Djeddah ?

Quel prestige nous aurions à leurs yeux ! une traversée de 10 jours de Dakar à Marseille au milieu de passagers français, 3 jours après à Alger, encore des français et des français musulmans avec des troupes musulmanes. Ils ne manqueraient pas de se rendre compte de nos moyens de civilisation et surtout de notre puissance.

Cette manière de faire exercerait certainement une influence favorable sur les pèlerins, par suite du contact avec les français de France et d'Algérie ; et à leur retour, au lieu de dire qu'il n'y a que les musulmans pour avoir de grandes et belles villes, ils témoigneraient auprès de leurs compatriotes de notre force et de notre civilisation.

Les relations avec les ports de la mer Rouge sont aux mains des Anglais. Avec Djeddah, notamment, la France n'a aucune communication directe ; nos Compagnies de navigation auraient pourtant intérêt à y faire escale ; leurs agents y ont des représentants.

Cette absence de navires français à Djeddah est d'autant plus regrettable que le transport des pèlerins de la Mecque serait pour les Compagnies françaises, aussi bien que pour les Anglais, qui paraissent en avoir le monopole, une source de beaux bénéfices.

Nos armateurs devraient s'assurer le monopole du transport des pèlerins depuis le Maroc jusqu'à Djeddah.

Nous aurions tout à y gagner ; au bazar de la Mecque, l'Angleterre écoule une grande quantité de produits par l'intermédiaire de marchans indiens. Il existe pourtant des musulmans français qui, comme courtiers ou commissionnaires, pourraient être utilisés par notre commerce. C'est une source de gains et de profits que l'on paraît ignorer dans nos centres commerciaux et qui, cependant, a son importance.

Ce serait en même temps qu'une affaire commerciale un excellent moyen de faire connaître notre civilisation.

A Salaga, j'ai rencontré trois pèlerins revenant de la Mecque, l'un d'entre eux avait été en Perse et en Turquie et tous avaient visité Malte, la Tunisie et Marseille.

C'étaient mes meilleurs amis, ils ont fait une réputation à nos produits, à nos marchandises, qui n'a pas manqué de faire apprécier les soieries et autres objets que j'ai mis en vente dans leur pays.

Il n'y avait pas chez eux l'ombre de fanatisme; ils me parlaient avec une certaine pointe de regret des cafés maures d'Alger, du bien-être dont s'entourent les nations chrétiennes, du luxe déployé à Marseille, à Alger et à Tunis.

Pendant leur séjour en Tunisie, ils ont appris à broder à la soie et au fil d'or et d'argent ; à Salaga, ils vivaient dans une certaine aisance grâce à ce métier.

Certes l'œuvre de nos missionnaires eût été préférable à l'islamisme, car tout en rendant les noirs honnêtes et moraux, nos missionnaires les auraient rapprochés davantage de nous que l'islam.

C'est que la religion musulmane entraîne malheureusement avec elle l'éducation et l'instruction arabes, et surtout un code (le Koran). Cette instruction et cette éducation si différentes des nôtres seront toujours un point noir pour notre œuvre de civilisation européenne.

Nous croyons aussi qu'un peuple musulman ne se soumettra pas aussi rapidement et avec autant de cœur à un gouvernement européen que si ce gouvernement était musulman.

L'éducation et l'instruction arabes retardent l'accès de notre civilisation, puisqu'ils lui font subir un échelon de plus qu'il ne faut. Il serait certainement préférable pour nous, au point de vue de nos intérêts, de voir ces peuples, fétichistes, nous pourrions plus aisément les amener à nous, car une fois qu'un peuple a une religion, il est difficile de lui en faire admettre une autre, à moins que celle qu'on veut lui faire prendre soit moins compliquée que la sienne.

Et ce n'est pas le cas pour la nôtre.

Et puis le Koran, ce code qui est en même temps un traité d'hygiène, d'art militaire, de jurisprudence, a fini par tellement pénétrer chez les peuples musulmans qu'il a même été adopté par certaines peuplades fétichistes. Il nous faudra bien longtemps pour l'extirper et plier les soudanais à nos coutumes, à nos mœurs et à nos lois.

Pourquoi la propagande musulmane réussit-elle si bien auprès des noirs ?

D'abord parce que leur religion est plus pratiquée que ne l'est la nôtre chez nous.

Ensuite parce que les us et coutumes des arabes avaient bien des liens communs avec ceux des noirs.

Puis, étant donné le caractère tout d'abnégation, de renoncement et de sacrifice de la religion chrétienne, il était évident que notre morale religieuse ne devait pas être facilement adoptée par le noir, puisqu'elle n'est pas en concordance avec ses instincts grossiers.

Mahomet l'a fort bien compris, puisque dans sa religion, il a su précisément faire rentrer ce qui flatte le sauvage : la polygamie et l'esclavage. Le Prophète a senti que le noir fétichiste serait enclin à adopter une religion qui ne le brusquerait pas trop dans ses habitudes.

Si les musulmans eurent à lutter contre le

cannibalisme, la nourriture des viandes impures et l'absorption des boissons alcooliques, ils se gardèrent bien de toucher au rang social de la femme et au fanatisme guerrier.

Dans ces conditions et avec de telles concessions il est évident que beaucoup de tribus païennes ont facilement adopté la loi du Prophète.

Nous avons vu plus haut avec quelle facilité un noir devenait musulman ; quand nous aurons ajouté que n'importe quel musulman, quelque rang qu'il occupe dans la hiérarchie sacerdotale, se fait un devoir d'islamiser et provoque les occasions sans attendre qu'elles se présentent, on pourra se faire tout de suite une idée de la puissance de propagande que possède cette religion.

Quel ne serait pas notre pouvoir à nous, chrétiens, si nous nous considérions tous en Afrique comme des missionnaires et que, comme les musulmans, tout en profitant de toutes les circonstances qui s'offrent à nous pour convertir les fétichistes, nous provoquions encore les occasions !

Il faut en convenir, nous n'avons pas assez de religion pour cela. Dans les colonies c'est tout juste si nous donnons le bon exemple aux chrétiens noirs en assistant aux offices.

On se décourage vite en France, parce que la conversion est un procédé assez lent et que jusqu'à présent les résultats des efforts des missionnaires pour l'abolition de la traite ont été bien faibles ; on va jusqu'à nier leur utilité.

S'il n'y a pas plus de résultats, c'est que les

missionnaires sont trop peu nombreux pour que leur action se fasse sentir partout. Ils sont noyés dans cet océan noir. Dans les conditions actuelles les missionnaires arriveront bien à force de patience à convertir des peuplades isolées, mais leur action ne pourra jamais se faire sentir que sur un espace ou une région de peu d'étendue.

Il faut favoriser davantage les missionnaires, en augmenter sensiblement le nombre et les faire pénétrer partout. Ce n'est pas quelques centaines de missionnaires répartis sur cet immense territoire, qu'il faudrait : ce sont des légions et d'innombrables légions.

L'utilité des missionnaires est incontestable, les colonies anglaises de la Côte-d'Or regorgent d'indigènes parlant couramment l'anglais, tandis que sur nos territoires du Sénégal, de Grand-Bassam et d'Assinie il est presque impossible de trouver quelqu'un parlant notre langue.

Il n'est pas de puissance européenne qui n'ait reconnu la nécessité de compter avec la participation des missionnaires. Il n'est pas un pays ayant des intérêts aux colonies qui ne considère l'intervention des missionnaires comme utile.

Enfin, si c'est l'initiative privée qui entretient les missions chrétiennes qui ont un travail missionnaire extérieur, ce n'est pas une raison pour que le gouvernement s'en désintéresse et qu'il ne favorise pas leur établissement dans les pays nouveaux.

On dit avec raison : le soldat et le missionnaire sont les deux premiers pionniers de la civilisation.

On devrait y ajouter le commerçant, car il est pour la civilisation un auxiliaire aussi important que les deux premiers facteurs.

Notre conviction intime est que le problème de la suppression de la traite a, pour corollaire naturel, celui de l'ouverture de voies de pénétration par le commerce, et ensuite le relèvement moral des populations par les missionnaires.

Jusqu'à présent, les moyens d'action mis en œuvre par les missionnaires ont été bien peu efficaces, même dans les pays où le protectorat est établi de longue date. Les résultats obtenus ne sont guère dus qu'au rachat. Suivant les régions on peut acheter des esclaves à des prix variant entre 30 et 500 francs.

Les noirs arrachés ainsi à l'esclavage et élevés auprès des missionnaires chrétiens sont faciles à transformer, et on arrive assez aisément à leur inculquer les premiers éléments de la civilisation.

Malheureusement le rachat des esclaves ne peut que sauver quelques rares victimes, et puis, pratiqué sur une vaste échelle, il ne ferait qu'augmenter la traite au lieu de la réduire.

C'est donc un moyen qui peut donner des résultats isolés, que l'on peut employer dans de rares cas, mais sur lequel on ne peut fonder aucune espérance de résultat efficace.

Dans les pays de protectorat et soumis directement à l'influence européenne, quelques personnes, surtout celles qui n'ont jamais vécu dans les colonies, ont une tendance marquée pour la libération en grand, la suppression radicale de toute trace de l'esclavage ; c'est un but louable, contre lequel personne ne s'élèvera si on y met quelque tempérament. Il faut avant de prendre de semblables mesures s'assurer si on n'aggrave pas la situation de ceux précisément auxquels on a cru faire du bien.

Ainsi dans nos possessions de la côte occidentale, on remet aux esclaves qui viennent réclamer notre protection, un certificat de liberté qui leur tient lieu en quelque sorte d'état-civil. C'est une excellente chose, puisqu'il sert à faire voir à nos administrateurs ou fonctionnaires que le porteur du certificat est tout-à-fait digne d'intérêt.

Malheureusement c'est à cela que se borne notre sollicitude, on oublie trop souvent qu'un malheureux qui a toujours travaillé pour autrui, qui n'a jamais été livré à lui-même, qui jouit par ce fait de peu d'initiative. ne peut généralement devenir qu'un vagabond. Le noir non surveillé travaille peu ou point, il lie volontiers sa fortune à quelque aventurier qui se met en guerre. En lui, naîtra bientôt le secret désir de capturer lui-même un ou plusieurs esclaves qu'il fera travailler à son tour pendant qu'il se reposera.

Il s'agit de ne pas tomber dans cet écueil.

Le nègre est forcément dans un état de moralisation inférieure. Depuis qu'il existe, pour ainsi dire, il ne s'est occupé d'autre chose que de rapt et de pillage.

Comment cet épouvantable régime n'aurait-il pas démoralisé ceux qui ont eu à subir cet état de choses de génération en génération !

Les noirs libérés sont souvent bien gênants. Passés sans transition de l'esclavage à la liberté, ils commencent par ne prendre que ce qu'il y a de vicieux, de défectueux et de mauvais dans les mœurs européennes — c'est là un point noir de la croisade.

Dans ces conditions, nous pensons qu'en échange de la liberté assurée à l'esclave et dans son propre intérêt, il y a lieu de ne pas le livrer immédiatement à lui-même. Il faut avant tout lui faire comprendre que si l'on est plein de sollicitude pour sa destinée, on est en droit d'exiger de lui un certain travail au profit de la société. Il y a là une très haute question de morale.

Il ne sert à rien de déployer un zèle inopportun et de tirer une vaine gloire de la libération d'esclaves en masse ; elle ne donne pas de résultats et augmente le chiffre des déclassés.

Notre devoir avant tout est d'assurer, à ceux que nous arrachons à l'esclavage, une vie honorée par le travail.

Sous la direction des Européens et surtout des Missionnaires, on formerait avec les libérés des centres de cultures importants. Mais pour cela il faudrait pouvoir imposer aux libérés au moins le travail d'une saison de culture.

Ce serait évidemment préférable que de les

abandonner à eux-mêmes. En Afrique, il faut des bras pour cultiver, puisque l'esclave travaille chez son maître, il doit aussi travailler chez nous et pour nous, pour lui-même, pour le pays qui lui offre à la fois la liberté et la sécurité

Une telle façon de faire, tout en procurant aux missionnaires un excellent moyen d'évangéliser, aurait en même temps pour effet de supprimer le vagabondage que l'hospitalité proverbiale des nègres ne tend qu'à encourager et d'assurer le développement de l'agriculture.

On pense avoir tout fait quand on décrète en congrès que l'importation des armes à feu et des munitions devra être réglementée.

Il serait tout aussi aisé de discuter l'opportunité de délivrer des armes aux opprimés que de les supprimer à ceux qui oppriment.

Du jour où l'on aura plus d'armes à feu, les nègres se feront, comme avant, la guerre à l'arc et aux flèches empoisonnées, ce sont des armes au moins aussi meurtrières que les malheureux fusils à pierre que nous leur vendons.

On croit généralement que ce sont les armes à feu qui sont les meilleures armes pour la guerre et la capture des esclaves ; — quelle erreur ! c'est tout au plus si les fusils servent à épouvanter; c'est avec les jambes et avec de solides jarrets qu'on capture ! Pour la capture de l'esclave le meilleur auxiliaire est le cheval.

Au Soudan les populations craignent plus un seul cavalier armé d'une lance que vingt guerriers armés de fusils.

Nous tenons la suppression des armes de traite pour tout à fait inefficace, c'est une mesure qui ne diminuera en rien la traite.

D'autre part l'émancipation en grand des noirs n'est pas sans inconvénient pour les nations civilisées.

Dès que des noirs se sentent livrés à eux-mêmes ils oublient qu'ils nous doivent beaucoup.

Leur émancipation est presque un acte d'hostilité contre les gouvernements européens qui leur en ont fourni les moyens, ils prennent immédiatement des mesures contre eux.

C'est ainsi que les républiques nègres de Haïti et de Libéria se sont empressées d'ajouter un article à leur constitution, qui interdit aux Européens d'être propriétaires et possesseurs du sol chez eux.

Ce sont là des actes qui prouvent suffisamment que ces peuples ont encore besoin de rester longtemps sous notre tutelle.

Son Eminence le cardinal Lavigerie préconise l'emploi de la force!

La force! oui, elle était possible sur l'Océan. On est arrivé à arrêter complètement la traite par mer, mais sur le continent ce n'est pas la même chose, il faudrait des bases d'opérations multiples, des centres de ravitaillement partout, des colonnes nombreuses, et surtout des millions et des millions!

C'est un moyen impraticable, les troupes ne tarderaient pas à se fondre dans ces pays inconnus sans avoir donné le moindre résultat.

S'engager dans des opérations à l'intérieur serait une politique absolument fatale et les peuples qui l'essaieront en feront l'expérience à leurs dépens.

Quel serait l'objectif de ces troupes? Elles n'auraient ni occasion de rencontrer l'ennemi, ni de le défaire; quand elles empêcheraient les esclaves de passer sur une route, les caravanes prendraient à travers la brousse, ce serait une lutte contre qui?

Au bout d'un an, la troupe serait décimée par la maladie, écrasée par les difficultés de ravitaillement.

Cette force même se verrait, par la pénurie des vivres dans beaucoup de régions, réduite à ravager et à piller pour vivre.

Du reste, ce ne serait qu'au prix de succès rapides, retentissants et *surtout continuels* qu'une telle entreprise pourrait réussir.

Un échec serait la destruction absolue du prestige dont les Européens jouissent en Afrique, ce serait le signal du massacre général des Européens. Cela ne peut être qu'une œuvre stérile, néfaste, inutile.

L'échec des Anglais dans le Soudan égyptien recule la civilisation d'un demi-siècle, dans la région du Haut-Nil. — Encore une ou deux expéditions dans le genre de celle-là et l'Afrique sera refermée pour longtemps.

Est-ce que ceux qui préconisent la violence se rendent bien compte de ce qu'il y a à faire ?

Le résultat sera-t-il proportionné aux moyens que l'on aura employés ?

Se sont-ils jamais demandé ce qu'a pu coûter l'expédition de Stanley et pensent-ils que les résultats obtenus compensent la somme d'efforts déployés et l'argent dépensé.

Stanley est parti avec 680 noirs, et il en a ramené 230 seulement.

En cours de route, il a dû employer à diverses reprises des centaines de porteurs comme auxiliaires et les pertes subies sur tous ces contingents ne sont pas connues. Le Congo, Tippo-Tip, l'Aroumiwi, la région des Lacs en ont tous fourni.

Involontairement, de telles expéditions engendrent l'esclavage ; les chefs indigènes auxquels on s'adresse pour obtenir des porteurs, doivent, pour se les procurer, avoir recours à la force, à la violence. Pour réunir un millier de porteurs il leur faut razzier.

L'expédition de Stanley et de ses 10 compagnons blancs était admirablement outillée, elle comprenait près de 600 fusils à tir rapide, des outils, des approvisionnements, elle était organisée tout aussi bien pour voyager par eau que par terre, tout était prévu, et cependant elle a bien souffert, l'expédition a été à plusieurs reprises à deux doigts de sa perte. Ce n'est que grâce à l'énergie de son chef que le désastre a été évité.

L'expédition a excité l'admiration du monde entier, mais quand on songe aux efforts déployés, aux sommes dépensées (750,000 francs), aux pertes en hommes, on est à se demander si les résultats obtenus ne sont pas trop chèrement achetés.

Et puis, quand même on aurait les moyens de se servir de la force à l'intérieur, nous ne pensons pas que, de sitôt, les puissances européennes arrivent à une entente ; les gouvernements ont et auront encore longtemps des intérêts divers à soutenir. Sur le terrain de l'esclavage ils n'arrivent jamais qu'à des arrangements purement platoniques.

Les congrès se séparent généralement quand on arrive aux questions brûlantes, en se retranchant derrière le considérant suivant : « Chacun « des pays voulant éviter des conflits dont les « conséquences peuvent être incalculables re« prend son entière liberté d'action. »

Les puissances européennes peuvent-elles réellement continuer l'œuvre civilisatrice commencée en Afrique par l'abolition de la traite et par l'application de mesures énergiques sur mer ?

Nous pensons que oui, mais ce n'est pas l'œuvre d'un jour, il nous faut la patience nécessaire à l'accomplissement d'une œuvre aussi gigantesque.

Gardons-nous bien de vouloir mener à bien trop rapidement un problème qui demande plusieurs générations pour se faire résoudre.

Pour arriver à notre civilisation actuelle, nous avons travaillé pendant vingt siècles, je ne demande pas mieux qu'on en fasse profiter les nègres et qu'on ne les oblige pas à évoluer aussi péniblement que nous. Mais vouloir leur faire franchir vingt siècles en moins de cinquante ans : c'est une utopie.

Dès que nous entreprenons une œuvre, aussi colossale qu'elle soit, nous voulons la voir achevée, nous voulons en jouir. Nous manquons totalement de patience. Ou bien la violence, ou bien les mesures platoniques.

Entre ces deux mesures extrêmes, il y a un terme moyen, lent et sûr, c'est l'évolution progressive passant par toutes les phases qu'a traversées l'Europe.

Depuis une vingtaine d'années, nous assistons à un phénomène bien particulier, c'est que toutes les nations européennes cherchent à prendre pied en Afrique et à s'emparer d'une partie de cet immense échiquier.

Avant cinq ans, il n'y aura plus rien à prendre, on se réunira en congrès et on discutera la part de chacun.

La puissance qui occupera le plus de points, qui aura le plus de droits à faire valoir, forcément tirera le meilleur parti des conquêtes de ses explorateurs.

On procèdera par voie d'échange et de compensation.

La France à elle seule possède déjà une superficie de douze fois celle de la France, avec une population égale à celle de la métropole.

L'Europe s'est déjà adjugé la majeure partie du continent africain, plus des deux tiers comme étendue et plus de la moitié comme population. On croirait que le courant de telles mesures devrait écarter tout danger, il n'en est rien. Cette œuvre a besoin d'être continuée.

Actuellement, le mépris de la vie humaine déshonore le cœur de l'Afrique. Les souverains, véritables tyrans, oppriment la population ou la vendent.

Après un village, c'est une petite ville, puis une province, ensuite une contrée, à la fin tout est couvert de ruines, le pays est transformé en désert.

Si certains chefs se contentent de ravir ceux qui leur tombent sous la main, parmi les populations paisibles chez lesquelles ils portent la guerre, d'autres, véritables bandits, traquent les malheureux jusque dans la brousse, établissent des embuscades partout et finissent par dépeupler entièrement la région.

Combien de provinces fertiles et populeuses ont été ainsi réduites en solitudes ! Les ruines des villages et les séculaires baobabs et bombars qui ombrageaient leurs marchés sont seules là pour témoigner que l'homme y a passé.

Dans ces conditions, il n'est pas étonnant que l'Afrique se dépeuple progressivement et que, dans une époque qui ne paraît pas bien éloignée, la dépopulation complète du continent nous surprendra.

C'est une grave question pour l'Europe, d'autant plus grave, qu'une fois la population détruite, l'exploitation agricole deviendra impossible au blanc qui ne peut se passer de la main-d'œuvre indigène.

Aussi les nations européennes ne doivent-elles pas oublier que le fait de prendre possession de cet immense continent leur a créé des obligations, je dirai même des devoirs impérieux.

Le plus puissant de ces devoirs, le plus immédiat est celui d'empêcher le dépeuplement afin de rétablir le développement normal de la population. Puis elles ont pour devoir d'empêcher de se refermer le continent noir que les explorateurs ont ouvert avec tant de peine à la civilisation.

Comment donner un commencement d'exécution à ces premières mesures ?

En ouvrant des voies de communication et en facilitant l'accès des Européens à l'intérieur et celui des indigènes vers la côte.

Chaque voie de communication terrestre ou fluviale, chaque tronçon de chemin de fer sera un coup porté à la traite.

Chaque vapeur, chaque wagon, chaque établissement commercial aura pour conséquence naturelle le développement du commerce. En pénétrant, en achetant les produits, nous augmenterons le bien-être des indigènes, les chefs pourront écouler leurs produits, se créer un budget et n'auront plus besoin de vivre de rapines.

Les marchands d'esclaves trouveront plus de bénéfice à faire de la culture et du commerce.

Le propriétaire d'esclaves, avec les méthodes de culture que nous lui enseignerons, les instruments aratoires que nous lui procurerons, verra que pour son propre travail, il produit plus qu'en utilisant des esclaves. Il reconnaîtra que l'esclave constitue pour lui un capital plus coûteux que productif, et il n'attachera qu'un médiocre prix à sa possession. Il abandonnera l'esclave à lui-même.

Le chemin de fer est l'œuvre civilisatrice par excellence ; le faire arriver au centre de l'Afrique, c'est rendre l'emploi des caravanes humaines inutiles, c'est faire pénétrer la civilisation comme avec un coin.

Les relations commerciales entraînent avec

l'échange des produits, l'échange des idées, des institutions et des progrès de notre vie sociale. Une fois sur le terrain des intérêts, on arrive promptement à une conciliation et à une identité de vues.

C'est donc dans l'ouverture des voies de pénétration que se trouve le salut du continent noir, c'est par elles que nous trouverons aussi les compensations commerciales aux sacrifices que nous nous sommes imposés.

Le commerce que nous considérons comme un des plus puissants auxiliaires de la civilisation n'a encore qu'effleuré les bords de ce vaste continent, il faut lui permettre d'y pénétrer jusqu'au cœur. Déjà chez les populations de l'intérieur qui ont su se créer un courant commercial et qui possèdent une industrie, l'esclavage a sinon disparu, au moins diminué d'une façon rassurante.

Nous avons dit dans notre premier chapitre que le plus grand générateur de l'esclavage était le défaut de budget et la considération qu'entraîne la possession d'un ou plusieurs esclaves, puisqu'elle fixe le rang social de l'homme.

Ce besoin de se procurer des esclaves engendre les guerres fréquentes, pendant la durée desquelles, suivant que l'on est plus ou moins favorisé par la victoire on s'empare des sujets de son voisin, ou l'on est contraint comme Samory de vendre ses propre sujets : c'est le dépeuplement constant.

Il ne suffit pas aux nations européennes de placer sous leur protectorat ces vastes régions pour faire disparaître cet état de choses. Il ne faut pas se contenter de classer les documents, de discuter les droits de chacun et se borner à enregistrer les nouvelles conquêtes, ce serait vouloir ouvrir l'Afrique avec des formules et conquérir ce nouveau monde par un travail de cabinet.

Si nous plaçons des régions sous notre protectorat, nous devons effectivement les protéger, les diriger, y exercer notre prédomination. Mais pour cela, il faut y aller, il faut pouvoir agir d'une façon efficace et diriger la politique intérieure de chaque pays.

Protéger tous les petits états contre les grands. Diviser tous les grands états qui ne sont pas des groupements de confédérations ou des gouvernements oligarchiques.

Empêcher tout chef de confédération d'augmenter sa puissance au détriment d'une autre. Tel est notre programme politique. On pourra facilement maintenir les populations en équilibre en liguant toutes les confédérations contre celles d'entre elles qui veulent s'agrandir. Il n'est pas difficile de prouver aux noirs le danger qu'il y a pour eux de voir se lever un souverain puissant à côté d'eux. Les exemples ne manquent pas. Ahmadou, Samory, Tiéba, sont là pour l'attester malheureusement.

Tout souverain qui commande à une population de plus de 25 à 30,000 âmes devient despote et tyran, sa soif d'esclaves, de luxe, ne peut être apaisée, sa sotte vanité et son orgueil l'entraînent dans une série de guerres qui sèment la ruine et la désolation partout.

Au Soudan, chaque avènement d'un souverain, qu'il s'intitule damel, brack, bour, almamy, émir ou naba, est un danger non seulement pour les noirs, mais encore pour nous et pour la civilisation.

La guerre supprimée ou évitée, c'est l'esclavage tari dans sa source, c'est la polygamie éteinte, c'est le massacre de guerriers supprimé et l'équilibre rétabli entre le nombre de femmes et d'hommes. On ne verra plus de villages sans hommes et d'autres sans femmes.

La polygamie éteinte, c'est la fin des luttes pour la succession au trône, c'est la fin des meurtres et des compétitions dans les familles royales.

Toutes ces questions se lient l'une à l'autre. La guerre et ses conséquences, la polygamie et l'esclavage ne commenceront à s'éteindre que du jour où l'Europe exercera effectivement son influence sur ces peuples, et pour l'exercer, il lui faut des voies de pénétration.

Nos plus utiles auxiliaires sont les populations de l'intérieur elles-mêmes, qui semblent nous appeler à leur aide.

Actuellement les populations de l'intérieur ne peuvent tirer aucun parti de leurs produits, elles désirent naturellement pouvoir nous les vendre, nous les échanger, c'est leur vœu le plus ardent, elles me l'ont exprimé avec chaleur quand je les ai visitées.

« Ce que nous voulons, m'ont répété les no-
« tables de Kong, c'est pouvoir librement com-
« mercer avec la France, acheter ses marchan-
« dises, les produits de son industrie, avec nos
« produits à nous.

« Tu nous dis que nos graines végétales, notre
« or, nos cuirs, notre indigo, nos bestiaux,
« nos textiles, nos piments, poivres, tabacs, se-
« ront vite épuisés, mais actuellement nous ne
« cultivons chacun que juste ce qu'il nous faut
« pour notre consommation personnelle.

« Comment veux-tu que nous ayons des ré-
« serves, puisque nous ne pouvons en tirer au-
« cun parti, et puis, quand même nous en au-
« rions beaucoup, quand même nous ferions de
« grandes plantations, quand même nous nous
« occuperions de planter en arbres utiles tous
« nos terrains en friche, cela nous servirait-il à
« quelque chose ? nous n'avons pour ainsi dire
« pas la sécurité du lendemain, se lève-t-il au-
« jourd'hui ou demain un chef puissant dans
« notre voisinage, non seulement tous nos ef-
« forts seront perdus, mais encore notre pays
« sera ruiné.

« Si nous voulons venir jusqu'à la côte, les

« routes nous sont fermées, les chefs des pays
« qui nous séparent de vous nous font payer des
« droits de passage qui ne nous laissent point
« de bénéfice ; et encore ceux-là, les plus conci-
« liants, sont rares ; généralement on se con-
« tente de nous empêcher de passer et on nous
« confisque nos marchandises.

« Dans les conditions actuelles, il nous est
« impossible de commercer avec vous. »

Quand on rencontre des peuples comme ceux qui habitent les états de Kong, animés de semblables désirs, il n'est pas difficile pour l'explorateur de les amener à placer leur pays sous le protectorat ; mais pour cela, il lui faut prendre l'engagement de leur assurer l'écoulement de leurs produits.

Le gouvernement à lui seul ne peut pas donner satisfaction aux peuples de l'intérieur, il peut bien à la rentrée d'un explorateur, renvoyer une mission porteur des traités ratifiés, et chargée de les assurer des bonnes dispositions de la métropole, mais ce n'est pas suffisant, il faut un commencement d'exécution.

Pour mieux m'exprimer, nous nous trouvons presque toujours vis-à-vis des pays de protectorat dans une situation anormale, qui ressemble assez à celle d'un jeune homme ayant obtenu la main d'une jeune fille et qui ne se soucierait plus d'entretenir des relations avec la famille dans laquelle il doit entrer.

Qu'arrive-t-il, c'est que les populations de l'intérieur finissent par se lasser, à se désintéresser, à ne plus avoir le même respect pour le pavillon que leur a remis l'explorateur.

Elles considèrent le traité comme un acte banal duquel on peut se délier quand on le juge à propos et alors, quand, au bout d'un certain nombre d'années, le gouvernement exige l'exécution des clauses du traité, il lui faut en conclure de nouveaux et bien souvent faire la guerre.

Les populations de l'intérieur ne se contentent pas de promesses, elles veulent tirer profit de leur nouvelle situation, elles désirent vendre, acheter, vivre en relations avec nous. en un mot elles demandent autre chose qu'un protectorat fictif.

Nous nous refusons à croire à l'action efficace de l'État, quand *seul*, il s'occupe de pénétration et de colonisation.

Son action est toujours lente, et bien longtemps avant d'avoir un budget, la colonie naissante est déjà bondée de services administratifs, judiciaires, militaires, pénitentiaires, etc.

Tous les éléments vitaux du pays neuf sont rongés par le fonctionnarisme; le Parlement, au bout de peu de temps, s'émeut avec juste raison des dépenses que l'on fait pour un pays où il n'y a encore pas de commerce. En un mot, la métropole ne se soucie plus de ces pays lointains qui ne servent, dans ces conditions, qu'à grever le budget.

N'est-il pas pénible de voir l'État s'immiscer, jusque dans les moindres détails, dans l'administration d'une colonie naissante? Avec un pareil système il n'est possible de rien faire sans l'autorisation de l'État, il faut passer par tous les rouages administratifs, pour construire un appontement, un bac, une conduite d'eau, un entrepôt de marchandises ou une factorerie.

Avec une telle manière de procéder, on ne fait rien de bien durable; c'est la perte d'une colonie, car on enlève à l'esprit d'initiative privée toute son ardeur, tout son élan, on paralyse l'action des nationaux qui vont aux colonies, on enraye le progrès.

Tout autre serait le résultat si l'État combinait son action avec celle de l'initiative privée. Il est impossible au gouvernement de coloniser directement à l'aide de ses agents, il lui faut avoir recours à des intermédiaires.

N'est-il donc pas possible de revenir au système des grandes compagnies concessionnaires, auxquelles Richelieu et Colbert confiaient le soin d'exploiter ces régions lointaines pour le mieux des intérêts de la métropole?

Dans notre pensée, l'État ne devrait pas hésiter à concéder l'occupation et l'exploitation commerciale, agricole et industrielle de certaines régions.

L'État, en le dégageant des monopoles et des privilèges excessifs, pourrait très bien, à l'instar de l'Allemagne et de l'Angleterre, revenir au système des concessions, il se déchargerait ainsi d'une grosse partie de ses dépenses sur elles.

Les conditions dans lesquelles elles devraient s'effectuer sont à étudier, les droits et les devoirs de l'État sont multiples.

Il faut que l'État soit large et n'impose pas de trop grosses charges ni de délais trop courts. Il ne faut pas oublier que l'établissement dans ces régions ne se crée pas aussi facilement qu'en France. Ce n'est quelquefois qu'après une longue expérience et une série de tâtonnement onéreux que ceux qui consentent à s'expatrier arrivent à s'organiser.

Il est évident qu'en échange des privilèges accordés à des Compagnies de ce genre, l'État est en droit d'exiger d'elles certaines garanties.

1° Il y a tout d'abord la question des capitaux ;

2° Puis il y a à garantir l'intégrité des territoires concédés contre des cessions éventuelles de privilèges ou de terrains à des étrangers ;

3° Enfin l'État doit également provoquer la création d'écoles ;

4° Il peut également exiger des approvisionnements permanents de charbon ou de vivres sur certains points.

5° Le service postal gratuit de l'intérieur vers la côte, etc., etc.

6° Enfin ce que l'État doit surtout rechercher c'est de répartir ses concessions de manière à forcer à pénétrer à l'intérieur.

Je m'explique : au lieu de donner à un seul concessionnaire 600 kilomètres de développement de côte, il vaux mieux en faire dix concessions de 60 kilomètres avec faculté de pénétration à l'infini.

Les bassins des rivières côtières se prêtent à merveille à cette combinaison.

Quant aux travaux publics, on peut être persuadé que les Compagnies elles-mêmes, de leur propre mouvement et dans leur propre intérêt, seront bien forcées, pour exploiter leurs concessions, de faire exécuter des voies de communications, des routes, des drainages, des appontements, et même de créer des chemins de fer.

On voit de suite ce que peut devenir, au bout de quelques années, une colonie soumise à ce régime.

En considérant chaque voie de pénétration naturelle, chaque cours d'eau, l'État se crée un nombre considérable de routes sûres vers l'intérieur.

Tandis qu'à la côte et à l'embouchure des rivières les Compagnies auront leurs dépôts, magasins généraux, etc., elles devront pour pénétrer et s'affranchir de la tutelle des chefs noirs du pays, se jalonner une route par une série de petits établissements commerciaux, véritables points de ravitaillement, centres d'exploitation forestière ou minière, fermes pour essais de culture, plantations.

Tous ces points deviennent rapidement des centres qui acquièrent une importance d'autant plus grande que le travail et l'activité européenne y amènent un certain bien-être.

Ce n'est qu'une fois que la pénétration a atteint quelque ville importante de l'intérieur, que l'intervention de l'État devient efficace et l'établissement d'un résident avec une petite escorte nécessaire.

Quelle ne sera pas la force d'un résident vis-à-vis de la population chez laquelle il vient s'installer, quand il pourra tenir le langage suivant :

« Il y a trois ans, quand un des nôtres est « venu chez vous, et vous a remis notre pa-

« villon, vous avez pris l'engagement, vous, de « reconnaître notre gouvernement comme un « gouvernement ami, nous, de vous ouvrir des « voies de communication. Ce double résultat « est acquis aujourd'hui, notre route est ja- « lonnée par tel et tel endroit où flotte notre « pavillon ; quand les vôtres voudront aller à la « mer, le résident vous allouera un sauf-conduit « revêtu de son cachet. Muni de ce simple « papier, un enfant, serait-il seul, arrivera sans « encombre à destination.

« La troupe que j'ai emmenée avec moi n'est « pas nombreuse, elle constitue ma garde per- « sonnelle. Si on m'attaque vos soldats me « défendront, et si on vous attaquait, mes « soldats seraient les vôtres, car nous ne faisons « plus désormais qu'un seul et même pays. »

La question de résidence et de pénétration placée ainsi sur le terrain des intérêts communs aux noirs et aux blancs sera accueillie avec reconnaissance par les indigènes de l'intérieur.

La résidence ne sera plus une vaine fonction, le prestige du représentant de la France y gagnera, son influence auprès des souverains indigènes ne pourra aller qu'en augmentant.

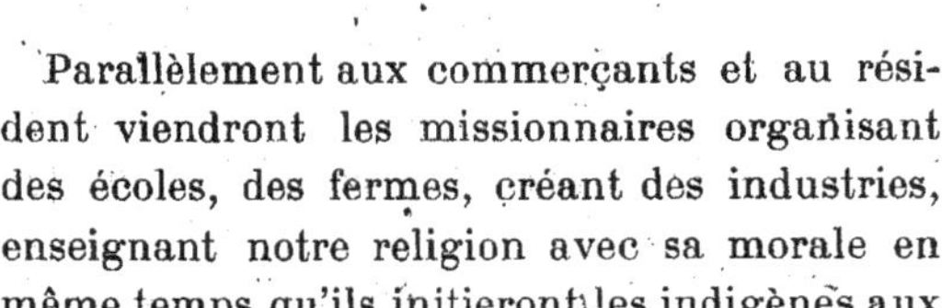

Parallèlement aux commerçants et au résident viendront les missionnaires organisant des écoles, des fermes, créant des industries, enseignant notre religion avec sa morale en même temps qu'ils initieront les indigènes aux choses de la vie pratique.

Un an après l'arrivée du résident, des missionnaires et des commerçants, l'action de la mère-patrie se fera sentir partout. Non-seulement le résident présidera aux destinées du pays qu'il a placé directement sous son autorité, mais encore des régions limitrophes. De proche en proche notre action civilisatrice se fera sentir et tarira peu à peu la source de l'esclavage.

Avec un pareil système, non-seulement les Compagnies trouveront des bénéfices rémunérateurs mais la métropole possédera des colonies qui se suffiront largement à elles-mêmes.

Ouvrir des voies de communication.

Pénétrer lentement et avec méthode.

Exercer notre influence à l'intérieur avec le commerçant et le missionnaire comme agents civilisateurs; les deux marchant la main dans la main, voilà les troupes avec lesquelles on peut faire une croisade.

Puisque les musulmans réussissent par les intérêts et la foi, servons-nous des mêmes armes qu'eux. Entre nos mains elles ne peuvent que nous mener à la victoire.

Paris. — Imp. E. PIGELET, boulevard Voltaire, 189-191.

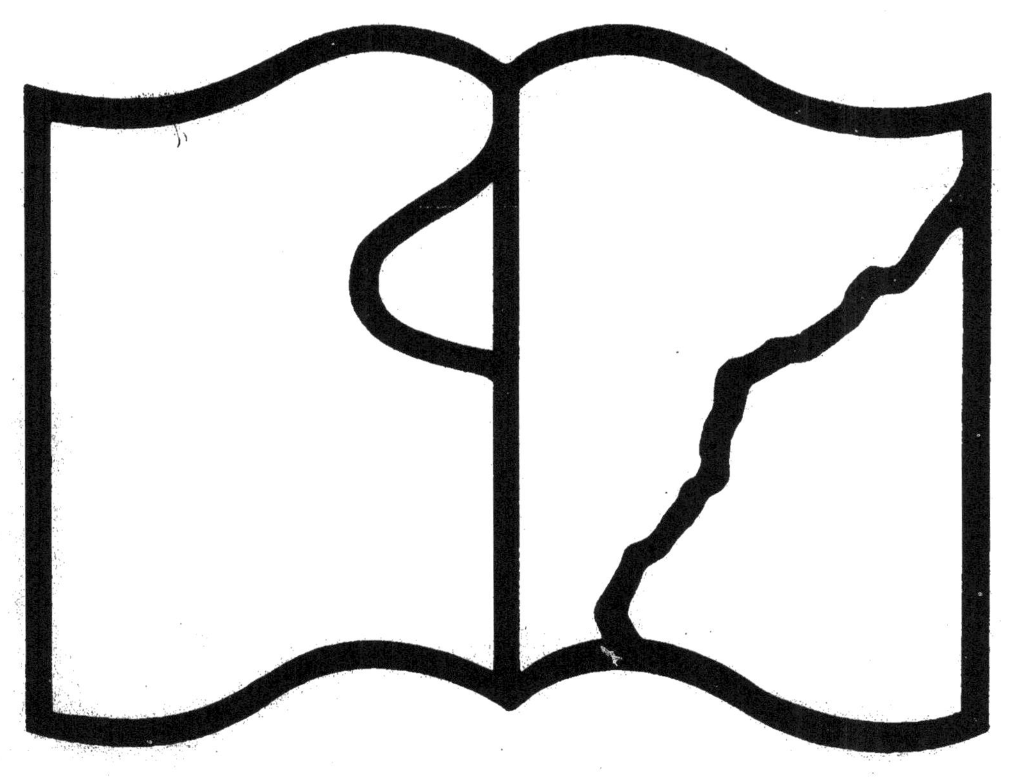

Texte détérioré — reliure défectueuse

NF Z 43-120-11

www.ingramcontent.com/pod-product-compliance
Ingram Content Group UK Ltd.
Pitfield, Milton Keynes, MK11 3LW, UK
UKHW020243220726
13923UKWH00002B/808